交通运输部建设科技项目"四川藏区高海拔高烈度条件下公路建设减灾关键技术研究"资助(项目编号:2013 318 800 020)

长效环保自融冰沥青路面设计与施工技术指南

余剑英　庄卫林　赵之杰
彭　超　赵美玲　马洪生　编著

人民交通出版社股份有限公司
北京

内 容 提 要

本指南共分为9章。其主要内容涉及长效环保自融冰沥青混合料原材料、配合比设计、施工、施工质量检验及管理，长效环保自融冰涂料原材料、设计与制备、施工及质量验收等。

本指南集学术性与工程应用性于一体，可供公路工程科研、设计、试验和施工人员参考及使用。

图书在版编目（CIP）数据

长效环保自融冰沥青路面设计与施工技术指南／余剑英等编著. — 北京：人民交通出版社股份有限公司，2021.12
 ISBN 978-7-114-16460-6

Ⅰ.①长… Ⅱ.①余… Ⅲ.①沥青路面—路面设计—指南②沥青路面—路面施工—指南 Ⅳ.①U416.217-62

中国版本图书馆 CIP 数据核字（2020）第 055667 号

Changxiao Huanbao Zirongbing Liqing Lumian Sheji yu Shigong Jishu Zhinan

书　名：	长效环保自融冰沥青路面设计与施工技术指南
著 作 者：	余剑英　庄卫林　赵之杰　彭　超　赵美玲　马洪生
责任编辑：	牛家鸣
文字编辑：	王景景
责任校对：	孙国靖　扈　婕
责任印制：	张　凯
出版发行：	人民交通出版社股份有限公司
地　　址：	（100011）北京市朝阳区安定门外外馆斜街3号
网　　址：	http：//www.ccpcl.com.cn
销售电话：	（010）59757973
总 经 销：	人民交通出版社股份有限公司发行部
经　销：	各地新华书店
印　　刷：	北京交通印务有限公司
开　　本：	787×1092　1/16
印　　张：	3.5
字　　数：	63千
版　　次：	2021年12月　第1版
印　　次：	2021年12月　第1次印刷
书　　号：	ISBN 978-7-114-16460-6
定　　价：	50.00元

（有印刷、装订质量问题的图书由本公司负责调换）

本书编写组

主　　编：余剑英

副 主 编：庄卫林　赵之杰　彭　超　赵美玲　马洪生

编写单位：武汉理工大学

　　　　　交通运输部公路科学研究院

　　　　　四川省公路规划勘察设计研究院有限公司

前 言

我国地域广阔、气候复杂，在寒冷地区或山区，路面或桥面积雪结冰现象较为常见，严重影响道路运输效率和交通安全，甚至引起交通中断。雨雪冰冻天气发生交通事故后，后续车辆难以控制，往往会发生车辆连环相撞，所造成的生命财产损失较其他交通事故更为严重。

清除路面积雪的传统方法主要是采用撒布融雪盐（主要成分是 $NaCl$、$CaCl_2$ 等）、人工或机械铲除冰雪，不仅劳动强度大、除冰雪效果差且滞后，而且融雪盐也对道路及桥梁结构物、植被、河流、生态环境造成严重破坏，如造成桥梁钢筋锈蚀、植被大面积死亡、土地盐碱化、河流污染等。

将融冰材料掺入沥青混合料中铺筑自融冰路面，或掺加在液态载体中涂布在沥青路面上，在雨雪冰冻天气，沥青路面中的融冰材料会逐渐释放至路表融化冰雪。该技术具有融冰及时、无需人工机械辅助的优点，可最大程度降低因冰冻造成路面抗滑性能下降而引起的行车安全风险。但现有自融冰沥青路面使用的融冰材料仍是以氯盐为主要成分，随着氯盐逐渐释放至路表，仍然会对沥青路面和沿途结构物产生腐蚀破坏并对河流、土壤及农作物等造成环境污染，而且氯盐的溶解析出会导致其融化冰雪能力减弱，耐久性较差。

在交通运输部建设科技项目"四川藏区高海拔高烈度条件下公路建设减灾关键技术研究"（项目编号：2013 318 800 020）支持下，武汉理工大学、交通运输部公路科学研究院、四川省公路规划勘察设计研究院有限公司等单位联合开展了"沥青路面长效环保自融冰技术研究与应用"项目专题研究。为提高自融冰沥青公路路面的长效性，项目组以层状双金属氢氧化物（LDHs）和氯化钠、甲酸钠、醋酸钾为原料，通过焙烧还原技术制备了新型长效环保融冰材料。研究表明，该新型融冰材料不仅赋予了沥青路面优良的自融冰性能，而且对沥青路面的高温抗车辙、抗水损害和耐老化也具有良好的改善作用。项目组并从自融冰沥青混合料和自融冰涂料的组成设计、路用性能评价、融冰效果评价、融冰沥青路面施工技术等方面展开了系统研究，形成了集新型融冰材料研发、自融冰沥青混合料和涂层材料设计、性能评价、施工应用于一体的自融冰沥青路面应用技术。在此基础上，总结编制了《长效环保自融冰沥青路面设计与施工技术指南》，以用于指导公路工程应用。

在本指南编写过程中，参考了国内同行编写的相关技术资料，在此一并表示感谢。

限于作者水平，本指南有不妥之处在所难免。如发现本指南有需要修改和不足之处，请将意见寄至武汉理工大学材料科学与工程学院（地址：湖北省武汉市珞狮路122号；邮编：430070）。

作　者

2021年12月

目　　录

1 总则 ·· 1
2 术语 ·· 3
3 长效环保自融冰沥青混合料原材料 ··· 4
　3.1 材料管理 ··· 4
　3.2 主要原材料 ··· 4
4 长效环保自融冰沥青混合料配合比设计 ··· 9
　4.1 设计原则 ··· 9
　4.2 设计指标及技术要求 ··· 9
　4.3 设计流程 ··· 10
　4.4 目标配合比设计 ··· 10
　4.5 生产配合比设计 ··· 12
　4.6 生产配合比验证 ··· 13
　4.7 配合比审批程序 ··· 13
5 长效环保自融冰沥青混合料施工 ·· 14
　5.1 施工准备工作 ··· 14
　5.2 生产及质量控制 ··· 15
　5.3 运输 ·· 18
　5.4 摊铺 ·· 19
　5.5 碾压 ·· 20
　5.6 接缝 ·· 23
　5.7 开放交通 ·· 24
6 长效环保自融冰沥青混合料施工质量检验及管理 ······························ 25
　6.1 原材料的检验 ··· 25
　6.2 试验路段的铺筑 ··· 25
　6.3 施工过程中的质量控制 ··· 26
　6.4 动态质量管理 ··· 30
7 长效环保自融冰涂料原材料 ·· 32
　7.1 改性乳化沥青 ··· 32
　7.2 有机硅溶液 ··· 32
　7.3 长效环保融冰材料 ··· 32

— 1 —

8 长效环保自融冰涂料设计与制备··33
　8.1 技术要求···33
　8.2 设计··33
　8.3 制备··34
9 长效环保自融冰涂料施工及质量验收··35
　9.1 施工前准备··35
　9.2 施工设备··35
　9.3 施工工艺··35
　9.4 注意事项··36
　9.5 质量验收··36
　9.6 后期观测··37
附录A 乳化沥青层间黏结强度试验方法··38
附录B 表面结冰点测试方法··40
附录C 表面冰层黏附力测试方法··41
参考文献···43

1 总则

1.0.1 为指导自融冰沥青路面的设计和施工，制定本指南。

1.0.2 本指南主要依据下列标准、规范、规程，以及相关技术文件，并借鉴国内其他自融冰沥青路面建设的成功经验制定。与下列标准、规范、规程不一致之处，以本指南为准；两者一致之处，限于篇幅，本指南只强调重点内容，未涉及的内容应按照下列标准、规范、规程执行。

（1）《公路沥青路面设计规范》（JTG D50—2017）；
（2）《公路沥青路面施工技术规范》（JTG F40—2004）；
（3）《公路工程质量检验评定标准 第一册 土建工程》（JTG F80/1—2017）；
（4）《公路工程沥青及沥青混合料试验规程》（JTG E20—2011）；
（5）《公路工程集料试验规程》（JTG E42—2005）；
（6）《公路路基路面现场测试规程》（JTG 3450—2019）；
（7）《水处理剂缓蚀性能的测定 旋转挂片法》（GB/T 18175—2014）；
（8）《液体黏度的测定》（GB/T 22235—2008）；
（9）《融雪剂》（GB/T 23851—2017）；
（10）《公路融雪剂》（DB13/T 1411—2017）；
（11）《沥青路面抗凝冰涂层材料技术条件》（JT/T 1239—2019）。

1.0.3 自融冰沥青路面施工必须有施工组织设计，并保证合理的施工工期。沥青路面不得在气温低于10℃（高速公路和一级公路）或5℃（其他等级公路），以及雨天、路面潮湿的情况下施工。

1.0.4 自融冰沥青面层宜连续施工，避免与可能污染沥青层的其他工序发生交叉干扰，以杜绝施工和运输污染。

1.0.5 自融冰沥青路面建设应满足公路交通条件及工程所在地的气候条件需要，气候分区按国家颁布的现行规范进行区分。

1.0.6 自融冰沥青路面施工应有良好的劳动保护，确保安全。沥青拌和厂应具备防火设施，配制和使用液体石油沥青的全过程严禁烟火。

1.0.7 自融冰沥青路面试验检测的试验室应通过认证，取得相应的资质，试验人员持证上岗，仪器设备必须检定合格。

1.0.8 自融冰沥青路面施工除应符合本指南外，还应符合国家颁布的现行有关标准、规范的规定。特殊地质条件和地区的沥青路面工程，可根据实际情况制订补充规定。

2 术 语

2.0.1 融冰材料 melt-ice materials
具有融化冰雪能力的材料。

2.0.2 长效环保融冰材料 long acting and environmental friendly melting ice materials
对环境无危害或影响很小、具有长期融化冰雪能力的材料。

2.0.3 自融冰沥青混合料 self-melting ice asphalt mixture
具有融化冰雪功能的沥青混合料。

2.0.4 自融冰涂料 self-melting ice coatings
成膜后具有融化冰雪功能的涂料。

2.0.5 乳化沥青型自融冰涂料 self-deicing coating based on asphalt emulsion
由乳化沥青和融冰材料所组成的涂料。

2.0.6 有机硅溶液型自融冰涂料 self-deicing coating based on silicone solution
由有机硅溶液和融冰材料所组成的涂料。

2.0.7 自融冰沥青路面 self-melting ice asphalt pavement
通过铺筑自融冰沥青混合料或在沥青路面喷洒自融冰涂料而形成的具有融化冰雪功能的沥青路面。

2.0.8 表面结冰点 surface freezing point
沥青路表面水膜的结冰温度。

2.0.9 表面冰层黏附力 ice surface cohesion
路表面与路表冰层之间的黏附能力。

3 长效环保自融冰沥青混合料原材料

3.1 材料管理

材料进场必须制定严格的检查验收制度,专人负责按批进行质量抽检,每天做好检查记录,建立材料进场台账,杜绝不合格材料进场。工地现场加工的材料必须经过质量检测合格。所有材料必须经旁站监理签字认可后方能使用。融冰材料、沥青、改性沥青、水泥、纤维等由工厂加工的材料进场应检查"产品检验合格证"。

3.2 主要原材料

3.2.1 沥青

对高速公路、一级公路,夏季温度高、高温持续时间长、重载交通、山区及丘陵区上坡路段、服务区、停车场等行车速度慢的路段,尤其是汽车荷载剪应力大的层次,宜采用稠度大、60℃黏度大的沥青,也可以提高高温气候分区的温度水平选用沥青等级;对冬季寒冷的地区或交通量小的公路、旅游公路宜选用稠度小、低温延度大的沥青;对温度日温差、年温差大的地区宜注意选用针入度指数大的沥青。当高温要求与低温要求发生矛盾时应优先考虑满足高温性能的要求。道路石油沥青和SBS改性沥青的主要技术指标如表3.1、表3.2所示。

道路石油沥青技术指标　　　　　表3.1

技术指标	单位	等级	沥青标号											
			110号		90号				70号				50号
针入度(25℃,5s,100g)	0.1mm		100~120		80~100				60~80				40~60
适用的气候分区*			2-1	2-2	3-2	1-1	1-2	1-3	2-2	2-3	1-3	1-4	2-2	2-3	2-4	1-4
针入度指数PI		A	-1.5~+1.0										
		B	-1.8~+1.0										
软化点(环球法),不小于	℃	A	43		45			44		46		45		49
		B	42		43			42		44		43		46
		C	41		42					43				45

续上表

技术指标	单位	等级	110号	90号					70号					50号
60℃动力学黏度，不小于	Pa·s	A	120	160		140			180		160			200
10℃延度，不小于	cm	A	40	45	30		20		30	20		20	15	25	20	15	15
		B	30	30	20		15		20	15		15	10	20	15	10	10
15℃延度，不小于	cm	A、B	100											80
		C	60			50					40				30
蜡含量（蒸馏法），不大于	%	A	2.2											
		B	3.0											
		C	4.5											
闪点，不小于	℃		230			245					260				
溶解度，不小于	%		99.5											
密度（15℃）	g/cm³		实测记录											
TFOT（或RTFOT）后残留物	%		质量变化，不大于 ±0.8											
针入度比（25℃），不小于	%	A	55			57					61				63
		B	52			54					58				60
		C	48			50					54				58
延度（10℃），不小于	cm	A	10			8					6				4
		B	8			6					4				2
延度（15℃），不小于	cm	C	30			20					15				10

注：*1-1 夏炎热冬严寒、1-2 夏炎热冬寒、1-3 夏炎热冬冷、1-4 夏炎热冬温、2-1 夏热冬严寒、2-2 夏热冬寒、2-3 夏热冬冷、2-4 夏热冬温、3-1 夏凉冬严寒、3-2 夏凉冬寒、3-3 夏凉冬冷、3-4 夏凉冬温。

SBS 改性沥青技术指标　　　　　　表 3.2

技术指标	单位	Ⅰ-A	Ⅰ-B	Ⅰ-C	Ⅰ-D
针入度（25℃，100g，5s）	0.1mm	>100	80~100	60~80	40~60
针入度指数 PI，不小于		−1.2	−0.8	−0.4	0
延度（5℃，5cm/min），不小于	cm	50	40	30	20
软化点（环球法），不小于	℃	45	50	55	60
运动黏度 135℃，不大于	Pa·s	3			
闪点，不小于	℃	230			
溶解度，不小于	%	99			
弹性恢复（25℃），不小于	%	55	60	65	75
储存稳定性离析，48h 软化点差，不大于	℃	2.5			
TFOT 或 RTFOT 后残留物 质量变化，不大于	%	±1.0			
针入度比（25℃），不小于	%	50	55	60	65
延度（5℃），不小于	cm	30	25	20	15

3.2.2 粗集料

自融冰沥青混合料铺筑于沥青路面的上面层。沥青路面上面层应采用玄武岩或辉绿岩等轧制而成的粗集料。

（1）粗集料必须选用由反击式破碎机加工的碎石，不得采用由颚式单机加工的碎石。当原石来自不同的采石场时，所用的砸石机型号和规格应完全相同，所用的筛分机和筛孔尺寸的型号和规格也应完全一致。

（2）粗集料应无风化、不含泥土或杂质、表面粗糙、洁净、形状方正，扁平、针片状颗粒较少，并有足够的强度、耐磨耗性。所用粗集料必须用清水进行清洗。粗集料技术指标见表 3.3。

上面层粗集料技术指标　　　　　　　　　　　表3.3

技术指标	单位	高速公路及一级公路	其他等级公路
石料压碎值，不大于	%	26	30
洛杉矶磨耗损失，不大于	%	28	35
磨光值，不小于	BPN	42	42
表观相对密度，不小于	—	2.45	2.45
吸水率，不大于	%	2.0	3.0
对沥青的黏附性，不低于	—	5级	5级
坚固性，不大于	%	12	
细长扁平颗粒含量 其中粒径大于9.5mm的集料，不大于 小于4.75～9.5mm集料，不大于	%	15 12 18	18 15 20
软石含量，不大于	%	3	5
水洗法<0.075mm含量，不大于	%	1	1

3.2.3 细集料

机制砂和石屑符合细集料的要求，细集料应具有一定的棱角性，洁净、干燥、无风化、无杂质、不含泥土，其技术指标应满足表 3.4 的技术要求。

细集料技术指标　　　　　　　　　　　表3.4

技术指标	单位	规范值	建议值
表观相对密度，不小于	—	2.50	2.45
坚固性（>0.3mm部分），不大于	%	12	12
砂当量，不小于	%	60	50
含泥量（<0.075mm含量），不大于	%	3	3
亚甲蓝值，不大于	g/kg	25	25
棱角性（流动时间），不小于	s	30	—

3.2.4 矿粉

矿粉一般采用石灰岩或岩浆岩中的强基性岩石等憎水性石料经磨细加工得到的矿粉，原石料中的泥土杂质应清除干净。矿料应干燥、洁净，能自由地从矿粉仓流出，必要时检验矿粉的塑性指数。为了改善自融冰沥青混合料的水稳定性及黏附性，可采用部分水泥替代石灰岩矿粉。矿粉与水泥技术指标见表3.5、表3.6。

矿粉技术指标 表3.5

技 术 指 标		单　位	高速公路、一级公路	其他等级公路
表观密度，不小于		t/cm³	2.5	2.45
含水率，不大于		%	1	1
粒度范围	<0.6mm	%	100	100
	<0.15mm		90~100	90~100
	<0.075mm		75~100	70~100
外观		—	无团粒结块	无团粒结块
亲水系数，小于		—	1	1
塑性指数，小于		%	4	4
加热安定性，小于		—	实测记录	实测记录

水泥技术指标 表3.6

技 术 指 标	单　位	技 术 要 求
细度（80μm筛余量），不大于	%	10
初凝时间，不小于	min	45
终凝时间，不大于	min	600
安定性	—	合格

3.2.5 纤维稳定剂

自融冰沥青路面上面层采用沥青玛琦脂碎石（SMA）混合料时，要添加纤维以起到稳定和增强黏结力的作用。纤维可采用木质素纤维、矿物纤维或聚酯纤维，应满足设计及规范要求。

3.2.6 层状双金属氢氧化物长效环保融冰材料

长效环保融冰材料是由层状双金属氢氧化物（Layered Double Hydroxide，LDHs）经氯离子、醋酸根离子等插层得到。层状双金属氢氧化物是一类典型的阴离子型黏土，其主体层板由二元或多元金属氢氧化物构成，层间为排列有序的阴离子，它们可以用来平衡阳离子金属层板的负电荷。经氯离子、醋酸根离子插层后的LDHs具有融雪化冰的能力。由于LDHs层间限域效应，层间阴离子不会析出，对道路周边的植被、土壤、水体不会造成破坏，因而具有长效环保性。层状双金属氢氧化物长效环保融冰材料技术要求见表3.7。

长效环保融冰材料技术要求　　　　　　　　　表3.7

项　目	单　位	技 术 要 求
气　味	—	无明显刺激性气味
细度（0.075mm筛），不小于	%	50
冰点，不大于	℃	-8
碳钢腐蚀率，不大于	mm/a	0.18

4 长效环保自融冰沥青混合料配合比设计

4.1 设计原则

自融冰沥青混合料的设计应按《公路沥青路面施工技术规范》(JTG F40—2004)的规定,遵循热拌沥青混合料设计的基本原则,原则如下:

(1) 确定自融冰沥青混合料的级配类型,选择集料、结合料、填料、融冰材料和其他外掺剂等原材料,对它们进行材料特性的试验。

(2) 融冰材料作为沥青混合料的添加剂,其混合料组成设计需建立在已确定的无融冰材料的目标配合比基础之上,即按照确定的沥青混合料的级配类型,先进行无融冰材料的目标配合比设计,获得矿料级配组成、最佳沥青用量。

(3) 融冰材料宜按照厂家推荐掺量,通常为沥青混合料质量的5%。当融冰材料为粉状时,等体积法替代矿粉,当融冰材料为颗粒料时,等体积法替代集料,按照获得的无融冰材料的沥青混合料目标配合比进行自融冰沥青混合料的组成设计和性能检验,在混合料性能符合要求后,进行生产配合比设计和验证。

4.2 设计指标及技术要求

自融冰沥青混合料宜选用SMA、AC等密级配结构。自融冰沥青混合料设计指标如表4.1所示,路用性能应满足《公路沥青路面施工技术规范》(JTG F40—2004)的技术要求。

自融冰沥青混合料设计指标　　　表4.1

设计指标	技术要求	
	AC	SMA
孔隙率 VV (%)	3~4	2.5~3.5
稳定度 MS (kN),不小于	8	6
流值 FL (mm)	2~4	2~5
车辙动稳定度 DS (次/mm),不小于	3000	3000
浸水马歇尔残留稳定度 (%),不小于	85	85
冻融劈裂强度比 (%),不小于	80	80
抑凝冰温度 (℃),不小于	-8	-8

4.3 设计流程

自融冰沥青混合料的设计是在同类型无融冰材料的沥青混合料配合比设计基础上，通过外掺融冰材料并适当降低设计空隙率等进行设计。自融冰沥青混合料的设计流程图如图4.1所示。

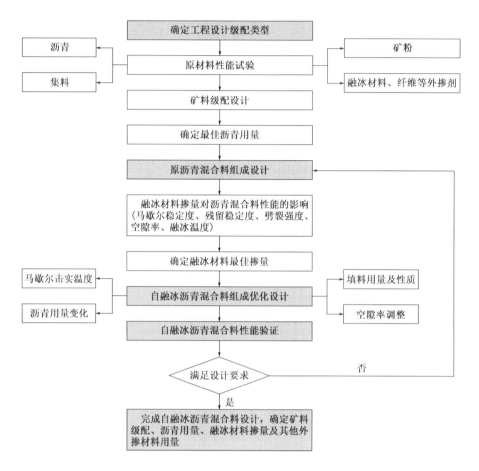

图4.1 自融冰沥青混合料的设计流程图

4.4 目标配合比设计

目标配合比设计的目的是为了优选原材料和矿料级配，并为生产配合比提供各种矿料的比例和最佳油石比的目标值。目标配合比设计应按以下顺序进行：

（1）根据应用的场合和使用要求确定自融冰沥青混合料的类型，并选择集料、沥青、填料、融冰材料和其他外掺剂等原材料，对它们进行材料特性的试验，通过不同方案的对比，确定最终选用的各种原材料。

（2）确定各矿料的组成比例：分别对实际使用的矿料进行筛分，用计算机或图解计算各矿料的用量,使合成的矿料级配在给定的级配范围内。目标配合比的矿料级配应注意避开禁区,特别是 0.075mm、2.36mm、4.75mm 档筛孔通过率应符合级配要求。

(3) 成型马歇尔试件:计算确定矿料组成和根据经验估计的沥青用量,按 0.5% 间隔变化,取 5 个不同的沥青用量,按规定的击实次数和温度范围成型马歇尔试件。沥青混合料拌和及成型温度范围应根据沥青黏温曲线确定,如果没有黏温曲线可以参照表 4.2。

自融冰沥青混合料拌和及成型温度范围 表 4.2

材料与试模	加热温度(℃)	
	道路石油沥青	SBS 改性沥青
矿料(包括矿粉)加热温度	170	180
沥青加热温度	155~165	165~175
沥青混合料拌和温度	155	165
试模预热温度	100	100
试样装模温度	145~155	160~165
试件开始击实温度	135~145	150~155

(4) 最大理论密度的确定:面层若使用改性沥青,采用计算法确定沥青混合料最大理论密度;若使用基质沥青,可采用真空法测定最大理论密度。最大理论密度实测过程中一定要将混合料彻底分散,分散程度必须符合规范要求,否则将严重影响最大理论密度和体积指标的准确性。计算法中粗集料采用毛体积相对密度,细集料、矿粉、沥青、纤维均采用表观相对密度。

(5) 体积指标和马歇尔指标的测量:采用表干法测定自融冰沥青混合料试件的毛体积相对密度,并根据最大理论密度计算空隙率、沥青饱和度、矿料间隙率、粉胶比、油膜厚度等物理指标进行体积组成分析。利用马歇尔仪测量马歇尔稳定度和流值,马歇尔仪必须具有自动绘图功能以便对稳定度和流值进行修正。

(6) 最佳沥青用量的确定:求取相应于空隙率要求范围的中值或目标空隙率的沥青用量 a_1、密度最大值的沥青用量 a_2、稳定度最大值的沥青用量 a_3、沥青饱和度范围中值的沥青用量 a_4。

如果在所选择的沥青用量范围能出现密度及稳定度的峰值,同时涵盖沥青饱和度的要求范围时,则 $OAC_1 = (a_1 + a_2 + a_3 + a_4)/4$;若未涵盖沥青饱和度的要求范围时,则 $OAC_1 = (a_1 + a_2 + a_3)/3$。

如果在所选择的沥青用量范围,不能使密度及稳定度曲线出现峰值,可直接以目标空隙率所对应的沥青用量作为 OAC_1,但 OAC_1 必须介于 $OAC_{min} \sim OAC_{max}$ 的范围内,否则应重新进行配合比试验。

以各项指标均符合《公路沥青路面施工技术规范》(JTG F40—2004)的配合比设计技术指标(不含 VMA)的沥青用量范围 $OAC_{min} \sim OAC_{max}$ 的中值为 OAC_2。则:$OAC_2 =$

(OAC_{min} + OAC_{max}) /2。

通常情况下取 OAC_1 及 OAC_2 的中值作为计算的最佳沥青用量 OAC。即 OAC = (OAC_1 + OAC_2) /2。检查相应于 OAC 的各项指标是否符合马歇尔试验技术标准。

（7）路用性能检验：自融冰沥青混合料要进行高温稳定性、低温抗裂性、水稳定性、渗水系数等路用性能的检验，要求其指标满足《公路沥青路面施工技术规范》（JTG F40—2004）的配合比设计要求。对于特殊气候和地质条件的地区还需要进行额外有针对性的路用性能检验。

（8）自融冰效果及自融冰耐久性检验：按照附录 A 的方法检验自融冰沥青混合料的表面结冰点和浸水后表面结冰点，按照附录 B 的方法检验自融冰沥青混合料的表面冰层黏附力和浸水后表面冰层黏附力。

4.5 生产配合比设计

生产配合比设计的目的是为了在实际的生产条件下，能生产出符合目标配合比设计要求的沥青混合料。应通过调整搅拌设备运行参数使所生产的沥青混合料尽可能地接近目标配合比的要求，并获得在实际生产过程中可以实现的矿料级配与最佳沥青用量。生产配合比设计应按以下顺序进行：

（1）冷集料的级配调试：冷集料的级配调试应从拌和场料堆或冷料仓中取样，进行筛分试验，按各粒径段的筛分曲线，参照目标配合比确定的各粒径段的用量比例计算矿料的合成级配曲线。矿料的合成级配曲线应与目标配合比的合成级配基本一致。如两者相差较大，则应调整各档集料的用量比例，使之符合目标配合比的合成级配，必要时应重新进行目标配合比设计。按这一比例调节各冷料仓的冷料供给比例，并从斜皮带上截取 1m 左右的料样，进行筛分分析，计算冷料混合料的级配曲线。如这一曲线与目标配合比不一致，应调节各冷料仓供料比例，使之符合要求。

（2）热集料的级配调试：热集料的级配调试应按最终确定的各冷料仓供料比例，在搅拌设备标定生产能力的条件下进行。各热料仓的取样应待热集料的生产稳定后再进行，并将各热料仓中开始生产时不稳定阶段的热集料放掉，废弃不用。各热料仓的取样应在全宽度上进行，以减少仓内材料离析的影响。

考察各热料仓的料位是否基本均衡，对各热料仓进行取样和筛分分析，并与目标配合比的设计级配进行对比，根据各热料仓料位的均衡状况和矿料级配与设计级配一致性的状况调整热料配合比（必要时也可适当调整各冷料仓的供料比例），并再次对各热料仓进行取样分析，按上述方法通过多次调整热集料的配合比直至既满足目标配合比设计级配要求，又能保证各热料仓均衡供料。

热集料的合成级配曲线应在 0.075mm、2.36mm、4.75mm 及最大公称粒径以及 4.75mm 至最大公称粒径之间的 1～2 个筛孔处与设计级配完全吻合或非常接近，并避免在 0.3～0.6mm 处出现"驼峰"。对各热料仓料样的筛分试验和密度试验，应按 JTG E42—2005 中的 T0302（用水洗法）和 T0304 进行。

（3）进行马歇尔试验和混合料性能检验：按最终确定的矿料配合比和最佳沥青用量进行马歇尔试验，进行混合料的性能检验、自融冰效果检验以及自融冰耐久性检验，如混合料的各项性能均符合相应的技术要求，即完成生产配合比的设计。生产配合比设计完成后，应提供生产配合比设计报告。

4.6 生产配合比验证

（1）拌和楼采用生产配合比进行试拌、铺筑试验段，并用拌和的沥青混合料及路上钻取的芯样进行马歇尔试验检验，由此确定生产用的标准配合比。标准配合比应作为生产上控制的依据和质量检验的标准。标准配合比的矿料级配应严格控制 0.075mm、2.36mm、4.75mm 及最大公称尺寸筛孔的通过百分率接近优选的设计级配范围的中值，并避免在 0.3~0.6mm 出现"驼峰"。当所有指标经检验均合格后即可正式施工，如果有的指标不合格应分析原因，进行适当调整后再进行验证。

（2）通过试验路的施工达到以下目的：

①验证沥青路面各层的混合料目标配合比，确定正式施工的最佳沥青混合料生产配合比作为标准配合比。

②通过试验段施工确定合理的施工机械型号、数量、组合方式，落实技术培训、技术岗位及最佳工艺流程和生产效率。

③通过试拌确定拌和机的上料速度、拌和数量与时间、拌和温度、集料变异与波动的调控手段等施工工艺。

④通过试铺确定各种混合料的摊铺温度、摊铺速度、摊铺宽度、松铺系数、初步振捣夯实的方法、自动找平方式等施工工艺，梯队摊铺时两台摊铺机的摊铺厚度和宽度协调方式。

⑤通过碾压确定适宜的压路机类型和数量、碾压温度、碾压顺序、碾压速度和遍数等施工工艺，施工缝处理方式等。

⑥建立用钻孔法与无核密度仪法测定压实度的相关关系，确定空隙率和压实度的双向控制模式。

⑦建立健全质保体系，探索一套有效的质量控制方法。通过对各道工序的偏差分析，提出合理的工艺控制参数和改进措施。

4.7 配合比审批程序

各施工单位应将目标配合比、生产配合比和试验路施工总结报监理工程师进行检查批准，报项目建设业主备案。

5 长效环保自融冰沥青混合料施工

5.1 施工准备工作

5.1.1 技术准备

（1）封层的验收：其各项技术、质量要求必须按《公路工程质量标准检验评定标准 第一册 土建工程》（JTG F80/1—2017）检查验收合格。

（2）高程测定：单幅按每 5~10m 一个断面，竖曲线起、终点应加设控制桩，单幅每个断面三个点测量下承层顶面高程；如实测高程在设计高程的容许误差之内时，以设计高程计算本层的顶面高程即可；如果基层高程未达到设计高程，以下面层高程控制摊铺厚度；如果基层高程大于设计高程，应报业主研究补救措施。

5.1.2 设备准备

自融冰沥青混合料生产及施工前，要做好配套施工机械设备的准备，施工设备的型号和数量应与施工效率要求相符，保证路面施工的连续性。各种设备必须经调试确认处于良好性能状态后方可使用，重要机械的易损件应有备用配件。

（1）拌和设备。自融冰沥青混合料拌和设备采用自动控制的间歇式拌和机，每小时产量不低于180t，并满足以下要求：

①拌和机的计量系统、温控系统必须经计量部门标定，各系统的误差应在容许误差之内。

②拌和机必须配有计算机自动打印设备，能逐盘打印集料和沥青加热温度、混合料拌和温度、材料用量、每盘混合料重量等。该设备必须经过严格的标定校核，确保打印数据的准确性。

③施工单位必须向业主和监理工程师提出机械设备的配套情况、技术性能以及传感器计量精度的检查、标定报告。

④集尘系统具有二次除尘设备，一级采用旋风除尘，二级采用布袋除尘，避免有害粉尘逸散到空气中去。回收粉尘严禁再次利用。

⑤检查确认所用振动筛的筛孔是否与拌和的沥青混合料规格相匹配，不符合要求的必须更换。

⑥拌和楼应配有成品储料仓，并具有良好保温性能。

⑦拌和场地布置应满足国家有关环境保护、消防、安全等规定。

（2）沥青储罐。有 2 个以上的沥青罐，容量不小于 240m^3，能保温储存和加热；改性沥青储罐应配备搅拌装置，确保必要时能对改性沥青进行搅拌。

（3）运输车辆。根据运距和摊铺速度配备足够数量的自卸汽车，要求每台汽车载质量不小于 15t。运送沥青混合料的自卸汽车应有紧密、清洁、光滑的金属底板和墙板，应备有用于保温、防雨、防污染用的毡布，毡布的大小应能完全覆盖整个车厢。自卸汽车的车厢侧面也应配备相应的保温隔热板。

（4）摊铺机。为保证连续摊铺和纵向热接缝，摊铺机数量不少于 2 台，要求摊铺宽度可调，最大摊铺宽度不小于 8m。摊铺机安装有可调节、可加热的活动熨平板或整平组件，能按照规定的典型横断面和图纸设计厚度在车道宽度内摊铺。摊铺机应有振捣器和振动器，振动频率和振幅应能根据需要进行调整。摊铺机应配备非接触式平衡梁。

（5）压实机具。自融冰沥青路面采用钢轮和胶轮压路机配合压实。双钢轮振动压路机静质量不宜低于 13t，振幅和频率可调，数量不少于 4 台；轮胎压路机静质量宜为 25～30t，数量不少于 2 台；手扶式小型振动压路机静质量 1～2t，数量不少于 1 台，主要用于边角辅助压实。

（6）其他设备。纤维输送设备 1 台，融冰材料计量添加设备 1 台，智能型洒布车 1 台。

5.2 生产及质量控制

5.2.1 原材料的质量控制与管理

（1）到场的原材料严格按照《公路沥青路面施工技术规范》（JTG F40—2004）、施工指导意见和图纸设计要求进行检测验收，对于检测指标不合格的原材料坚决予以清场处理。

（2）原材料堆放的场地必须经过硬化处理，具有良好的排水系统。

（3）检验合格的原材料进场后，石料应进大棚分类堆放，不能出现混料的现象。

（4）沥青在存放过程中应具有良好的防水措施和保温措施。

（5）填料矿粉应存放在干燥、洁净的仓内，能自由地从矿粉仓流出。

（6）纤维在保管、存放、运输过程中均不得受潮。

（7）融冰材料应在阴凉、干燥的环境下密封存放。当条件受限时也可堆放存储，但堆放场地必须硬化，底部用木头支垫保证材料不直接接触地面，并采取措施进行覆盖防潮。

5.2.2 融冰材料添加设备

在规定时间内将融冰材料精确、快速、均匀地投放到拌缸中，是保证自融冰沥青混合料质量的关键因素之一。现有部分沥青混合料生产设备带有两个填料仓，可以将其中一个用作融冰材料仓,但对于只有一个填料仓的沥青混合料生产设备,目前国内主要采用人工将小包装融冰材料投入到拌锅中,不仅效率低下,而且更重要的是会造成投放速度不一,导致融冰材料在混合料中拌和不均匀。为了保证自融冰沥青混合料生产的稳定性,可以将回收粉仓用作融冰材料的计量添加设备。

5.2.3 长效环保自融冰沥青混合料的生产

(1) 基本要求

搅拌设备应配料准确、拌和均匀、出料温度稳定。在设定温度下,经过充分拌和后沥青与集料颗粒全部裹覆,粗细颗粒均匀分布。混合料有光泽,无花白料、沥青团块等现象。

(2) 设备要求

采用间歇式全自动控制设备,设备必须配套齐全、性能优良、计量准确、配料误差小、出料温度稳定、拌和均匀、工作可靠,并可对生产过程参数进行记录和打印。

(3) 自融冰沥青混合料温度

①沥青加热温度、沥青混合料出料温度应根据沥青标号及黏度、气候条件、铺装层的厚度等材料条件和施工条件决定。

自融冰沥青混合料在正常施工时的施工温度可参照表5.1的范围,并根据实际情况选择。在环境温度高于18℃施工时,出料温度靠近低值;在环境温度小于18℃施工时,出料温度靠近高值。施工环境最低温度不得低于5℃。

自融冰沥青混合料的施工温度(单位:℃)　　表5.1

工　序	施 工 温 度	
	道路石油	SBS 改性沥青
沥青加热温度	155~165	160~175
矿料温度	165~185	185~195
混合料出场温度	150~170,超过190废弃	175~185,超过195废弃
运输到现场温度	不低于155	不低于165
摊铺温度	不低于145	不低于160
初压开始温度	不低于130	不低于150
碾压终了路表温度	不低于85	不低于110
开放交通路表温度	不高于40	

沥青采用导热油加热,泵送循环,要求在规定温度范围内均匀稳定。改性沥青应不间断搅拌,避免改性剂离析。

②集料加热温度由混合料出料温度、沥青加热温度、融冰材料和矿粉添加比例、设备结构和保温措施完善程度及环境温度共同决定,一般比沥青温度高8~16℃。集料加热后表面不应有未完全燃烧的燃料或碳化物裹覆,且残余含水率不大于0.3%。

③自融冰改性沥青混合料的施工温度根据融冰材料供应商提供的资料和实践经验确

定，通常宜较基质沥青混合料的施工温度提高 10~20℃。无具体资料时可参照表 5.1 的范围进行选择，并由试验确定。

改性沥青混合料在环境温度大于 18℃ 施工时，出料温度靠近下限；在环境温度小于 18℃ 施工时，出料温度靠近上限。施工时最低环境温度不得低于 10℃。

④融冰材料拌制 SMA 混合料的施工温度应视纤维品种和数量、矿粉用量的不同，在改性沥青混合料的基础上作适当提高。

（4）振动筛分

间歇式搅拌设备的振动筛筛孔应根据混合料类型、设备结构和性能综合选用。所选择的筛孔尺寸须包括混合料的控制关键点和重要特征点，并根据振动筛筛分性能做适当放大。除有特殊原因，搅拌设备均应安装有控制 2.36mm、4.75mm 及超限料的筛网。筛孔设置应考虑控制混合料级配，并使热料仓动态均衡，不同级配组成的混合料需配置不同的筛孔组合。

（5）材料加入顺序与混合料拌和时间

①材料加入顺序调整为加入集料进行干拌、然后喷入沥青、再加入纤维（颗粒纤维或聚合物纤维）、最后加入矿粉和融冰材料。

②沥青混合料拌和时间应考虑设备结构类型、运转参数、使用参数、材料进搅拌器的顺序、混合料类型及质量要求等因素，经试拌确定，以沥青全部裹覆集料、粗细颗粒均匀分布为度。

对于普通沥青混合料，集料开始加入后，干拌时间 5~10s，然后加入沥青进行湿拌，最后加入矿粉和融冰材料进行拌和，整个拌和时间不低于 45s。

改性沥青和 SMA 混合料，对于改性沥青和 SMA 混合料的干拌时间、纯拌和时间应适当延长 5~10s。

③生产添加纤维的沥青混合料时，纤维必须在混合料中充分分散，拌和均匀。配置纤维自动计量添加装置，并与搅拌设备控制系统联动定时定量添加。絮状纤维可在喷入沥青的同时或稍后喷入拌锅，纯拌和时间宜延长 5s 以上。颗粒纤维和聚合物纤维可在粗集料投入的同时加入，干拌时间延长 5s。

（6）自融冰沥青混合料储存与废弃

拌和过程中应对实施过程自动监测和目测检查，确认混合料质量。拌和结束后符合质量要求的混合料送入成品储料仓中暂存，基质沥青混合料的储存时间不得超过 24h，改性沥青混合料和 SMA 混合料的储存时间不宜超过 12h。

拌和过程中或结束后，混合料的配料误差、均匀性，温度控制等参数出现异常时，如出现混合料配料误差超标、花白、过热冒青烟和离析等现象，应作废料处理，必须放入废料仓中，不得送入成品储料仓中。

（7）过程参数记录

搅拌设备控制系统要逐盘采集并记录各个传感器测定的材料用量和沥青混合料拌和量、拌和温度等参数，定期打印。没有材料用量和温度自动记录装置或打印设备的不得使用，必须定期对拌和楼的材料计量系统和温度计量系统进行校核。生产过程中通过各热料仓材料用量及筛分结果,在线检查矿料级配和沥青用量。每个台班结束时打印出一个台班的统计量,按《公路沥青路面施工技术规范》(JTG F40—2004)的方法进行沥青混合料生产质量及铺筑厚度的总量检验。总量检验的数据有异常波动时,应立即停止生产并分析原因。

5.3 运输

(1) 运输车的运输能力应大于搅拌设备生产能力,以保证摊铺机连续摊铺作业。施工过程中每台摊铺机前方等待卸料车辆不少于1台,不多于2台。开始摊铺时每台摊铺机前方等候卸料的运料车不少于2台,不多于3台。保证摊铺机既能连续摊铺,又不至于使混合料温度下降过多。

(2) 采用状态良好的较大吨位的自卸汽车运输。车厢应清洁,并涂刷洗涤剂水溶液或油水混合物(植物油与水的比例可为1:4),但不得有积液,不得直接使用柴油。

(3) 从成品料仓放料时,不要每次都将成品料仓中的料放完。由于拌和楼的提升斗向成品料仓放料时总是形成土丘式的离析,土丘的边缘往往是粗集料,最后放料时总是绝大多数为土丘边缘的粗集料,容易造成铺出的路面出现粗集料集中离析的情况。

(4) 运输车辆在装料时容易产生离析情况,沥青混合料从成品料仓向运输车放料的过程中,由于高差原因,大骨料往往会滚落在车厢两侧,细料留在中间产生离析,较好的装料方式采用前、后、中的次序装料,减少沥青混合料在装料过程中的离析现象。

(5) 运输车向摊铺机料斗卸料时,应有措施防止混合料发生离析现象,必要时可采用中间过渡料车对混合料进行二次拌和与转运。采用转运设备时,在摊铺机与过渡料车输料带之间必须设置防离析料斗,以减小卸料离析。运料车每次卸料必须干净,特别是黏度较大的改性沥青或SMA混合料,不得留有余料。

(6) 在运料车箱体侧面钻直径6mm的小孔,采用数字显示插入式热电偶温度计检测沥青混合料的出场温度和运到现场温度。插入深度要大于150mm。在运料卡车侧面中部设专用检测孔,孔口距车箱底面约300mm。在拌和场内设置地磅,逐车检测沥青混合料的重量,记录沥青混合料温度、重量和出厂时间,签发运料单。

(7) 在运输过程中加盖油布,以防雨、防污、保温,运输速度不宜太快,严禁紧急制动。沥青混合料在运输过程中,必须覆盖棉布或者油毡布,以保温和避免污染大气环境,减少混合料运输过程中温度散失。特别是改性沥青混合料对温度的敏感性非常大,低温下沥青的黏度会变大,造成摊铺后的路面难以压实,需重点做好运输过程中的保温措施。

(8) 运料车进入摊铺现场时,不得污染路面,并避免破坏已洒布的透层油或黏层油。

(9) 沥青混合料运到摊铺地点后应凭运料单接收,并检查温度和目测混合料拌和质量。不符合规定温度要求、已经结成团块、有花白料、沥青明显偏大或遭雨淋湿的混合料不得卸入摊铺机受料斗。

（10）运料车在离摊铺机 50～80cm 时以空挡停车，使其由摊铺机推动前进，严禁运料车撞击摊铺机，以确保摊铺平整度。

5.4 摊铺

（1）沥青混合料摊铺前，对下承层黏层油的洒布情况、表面质量等进行全面检查，用大功率的空压机吹走表面浮动材料和杂物。当质量不符合要求时，不得进行摊铺施工。

（2）采用履带式沥青混合料摊铺机进行摊铺，主线施工时熨平板宽度加长应为机械拼装而成，匝道和收费岛等变宽段施工时采用液压伸缩熨平板摊铺机施工。

（3）摊铺机应具备高密实功能，工作装置装备有振捣器和振动器或振动压力梁。振动频率和振幅均可进行调整，以适应混合料级配类型、沥青黏度、摊铺厚度等参数变化要求。

（4）摊铺机配置两纵一横自动调平系统，根据铺层平整度要求选择调平方式、调平基准类型和系统参数设置。优先选择跨越式非接触平衡梁基准；当下承层平整度较差时，摊铺机调平系统的死区范围应设置宽些，以避免系统振荡引起摊铺层产生波浪；当下承层平整度较好时，摊铺机调平系统的死区范围应设置窄些，可提高控制精度，减小误差。

（5）摊铺机选配非接触平衡梁行走基准时，应按要求进行安装、调试，正确设置脉宽、灵敏度、盲区、工作窗口等参数，使其工作性能与所用机型相适应，确保调平系统稳定工作，铺层平整、厚度均匀。

（6）可采用一台摊铺机全幅一次摊铺，但建议采用两台或多台摊铺机成梯队方式同步摊铺，两幅之间搭接宽度 50～100mm。两机搭接处前方摊铺机的松铺层预留 200～300mm 暂不碾压，作为后方摊铺机调平基准。前后摊铺机之间的距离在不相互影响的情况下尽量靠近，可进行"零"距离摊铺作业，实现对两台摊铺机搭接处的尽早压实，避免混合料冷却。前方摊铺机熨平板的侧板应处于浮动位置，随下承层移动，限制边部混合料横向滚落，减少竖向离析。

（7）摊铺机开始摊铺前受料斗应涂刷隔离剂或防黏结剂。将螺旋分料器高度调节到与摊铺厚度相适应的位置。调节熨平板的拱度达到设定值。对熨平板充分预热，使其恢复正常摊铺尺寸形状，但不要过度加热，以免产生翘曲或熨平板发生变形，预热温度在 120～140℃ 为宜，正常温度进行普通沥青混合料摊铺时靠近小值，低温施工或进行改性沥青施工时靠近大值，并与混合料摊铺温度相对应。

（8）摊铺作业时，熨平板必须处于浮动工作状态，不得锁死熨平板进行强制摊铺。手工进行摊铺厚度调节时，须考虑工作装置滞后特性的影响，以免产生过度调节现象。

（9）摊铺速度应处于合理的范围，并与搅拌设备生产率协调，一般情况下摊铺速度宜控制在 3～5m/min 的范围内。当采用中间材料转运装置时，摊铺速度可以适当提高。

（10）摊铺过程中摊铺机必须连续、稳定地摊铺，不得时快、时慢、时停、时走，不得不进行停机时，停顿时间不得超过 15min。

（11）摊铺机工作装置的参数设定应与材料施工特性、机械性能、摊铺厚度、摊铺速度相适应。正确选择振捣器的工作振幅和频率、熨平板振动器的振动频率或压力梁的工作压力与工作频率，以提高铺层材料的初始密实度。振动夯频率不宜低于 $600\mathrm{min}^{-1}$，振动器频率不宜低于 $1500\mathrm{min}^{-1}$，注意所设参数应避免设备自身产生共振或击碎混合料中的粗颗粒材料。

（12）检查调整摊铺机的结构参数和使用参数，更换磨损部件，以减少混合料的离析现象发生，避免出现粗细料分离、波浪、裂缝、拖痕缺陷。

（13）摊铺机应具有足够容量的受料斗，有利于运料车交替卸料时连续摊铺。车辆卸料应衔接紧密，摊铺机收斗应及时迅速。

（14）沥青混合料摊铺的松铺系数决定于摊铺机类型、初压密实度和混合料类型，应在摊铺过程中经实测确定，初次摊铺可按 1.15 ~ 1.25 选取，然后通过试验段修正。摊铺初期应及时测量摊铺厚度、宽度、路拱、横坡、平整度，摊铺过程中应随时检查以上参数，并通过混合料总量与摊铺面积校验平均厚度。

（15）为了保证摊铺质量，减少材料离析和温度离析，摊铺机应处于较理想的工作状态，刮板料器的速度和螺旋布料器转速相协调，并调整到均匀稳定输料状态。通过对螺旋分料器料位传感器、刮板输料器料位传感器进行调节，使熨平板前混合料的高度在全宽范围内保持一致，避免摊铺层出现明显的离析现象。

（16）摊铺过程中混合料遭雨淋时，应立即停止施工，清除未压成型的混合料，卡车上的混合料应废弃。

5.5 碾压

（1）自融冰沥青混合料要求空隙率小，压实要求高，需要更大的压实功和更高的压实温度。而自融冰沥青混合料通常用来作为表面磨耗层或路面翻修薄层罩面，属于薄层结构，此时不适宜施加太大的压实功，以免压碎集料。

（2）对于密级配沥青混合料宜采用双钢轮高频（频率 56 ~ 67Hz）低幅（振幅小于 0.3mm）振动压路机或振荡压路机与轮胎压路机组合方式进行碾压作业，以达到最佳碾压效果。一般振荡压路机的有效压实厚度不大于 5cm。SMA 混合料不宜采用轮胎压路机碾压，以防止将沥青胶浆搓揉挤压上浮。碾压过程中避免出现推移、开裂、粘轮和压碎石料等现象。

（3）压路机应装备可以调节水量的喷水系统，以便尽可能减少喷水过程中摊铺层的热量损失。

（4）沥青混合料现场碾压质量控制，应采用以实验室标准密度为基础的压实度指标与以最大理论密度为基础的现场空隙率指标双重控制。

（5）沥青路面施工应配备足够数量的压路机，压路机的数量应根据摊铺机的摊铺速度决定，对于双车道沥青路面最低数量不宜少于 5 台，其中双钢轮压路机不少于 3 台，轮胎压路机不少于 2 台。

(6) 沥青混合料碾压分初压、复压和终压三个阶段进行,在这三个阶段中应合理选择和配置压路机,设置与材料特性和铺层厚度相适应的压路机工作参数,并制定有效的碾压工艺,使碾压成型的路面平整、密实、均匀、稳定,达到要求的压实度和平整度。

(7) 初压宜采用钢轮静压的方式进行,应紧跟摊铺机追压;复压宜采用振动压路机和轮胎压路机组合碾压,振动压路机在前轮胎压路机在后;终压宜采用钢轮静压的方式进行碾压。

初压、复压、终压是碾压过程中的3个工序,不是3个作业段,因此碾压过程不宜分段进行,特别是在摊铺速度较慢时应连贯进行。

①初压工序。

初压的目的是尽快使表面密实,产生初步的承载力,并减少热量散失。压路机应紧跟摊铺机碾压,并保持较短的初压区长度。初压采用钢轮静力压实,相邻碾压带重叠宽度为1/3~1/2轮宽,将压路机的驱动轮面向摊铺机,通常宜静压1~2遍。骨架嵌挤很好的混合料,经试验证明采用振动压路机直接振动碾压无严重推移时,可省略初压直接进入复压。

②复压工序。

a. 复压是提高混合料密实度的关键工序,应紧跟初压进行,宜采用振动压路机和重型轮胎压路机组合碾压。

b. 密级配沥青混合料的复压宜优先采用重型的轮胎压路机进行搓揉碾压,以增加密水性,对以粗集料为主的混合料,宜优先采用振动压路机复压,厚度小于30mm的薄沥青层不宜采用振动压路机振压。

c. 当采用不同型号的压路机组合碾压时,每一台压路机均作全幅碾压,防止不同部位的压实度不均匀。复压不宜采用三钢轮压路机,避免由于前后压实轮接地比压不同影响压实度均匀性。

d. 轮胎压路机的单轮压力不宜小于2.2t,轮胎充气压力为0.4~0.6MPa,用于初压时靠近低值,用于复压时靠近高值。可根据轮迹形状调整轮胎气压,轮迹呈凸形时表明气压不足,轮迹呈凹形时表明气压过足。

e. 为了避免漏压与过压现象发生,振动压路机碾压时相邻碾压带重叠宽度应为150~250mm,铺层越厚重叠宽度越大。轮胎压路机碾压时相邻碾压带应重叠1/3~1/2的碾压轮宽度。

f. 碾压遍数根据混合料类型、铺层厚度、混合料温度和环境温度、设备类型及振动参数等因素并经试压确定,一般为3~6遍,达到规定的压实度标准,并无轮迹。

g. 压路机碾压段的长度应根据混合料的温降曲线和压路机的工作速度及振动频率特性共同决定,通常不宜少于30m,不超过50m。

h. 振动碾压作业时,应先起步后起振,先停振后停机,宜采用压路机自动起振功能,设置合适的起振门槛速度,当压路机速度高于门槛速度时自动起振,当压路机速度低于门槛速度时自动停振。

i. 对重型压路机无法接近的边角部位,应采用小型压路机或振动夯板压实。

③终压工序。

终压在复压完成后进行,采用双钢轮压路机静压实,进一步提高压实度和平整度,消除轮迹。终压宜1~2遍。

(8) 压路机应以慢而均匀的速度碾压。压路机的组合与碾压遍数见表5.2,压路机的碾压速度可参照表5.3进行,振动压路机的速度与其振动频率有关,频率较低时选小值,频率较高时选大值。

压路机的组合与碾压遍数　　　　　　　　　　　　　　　　　　　　表5.2

压路机类型	初 压	复 压	终 压
钢轮静作用压路机	适合	不适合	适合
轮胎压路机	可选用	适合	不适合
振动压路机	关闭振动	适合	关闭振动

压路机的碾压速度（单位：km/h）　　　　　　　　　　　　　　　表5.3

压路机类型	初 压		复 压		终 压	
	适宜	最大	适宜	最大	适宜	最大
钢轮静作用压路机	2~3	4	—	—	3~5	6
轮胎压路机	—	—	3~5	6	—	—
振动压路机	2~3	4	4~5	6	3~5	6

(9) 压实温度应根据沥青黏温特性、压路机类型、气温、铺筑层厚度、混合料类型等经试压确定,无试验数据时,压路机的碾压温度可按表5.4、表5.5的要求进行。初压、复压应在尽可能高的温度下进行,不得在低温状况下反复碾压,避免石料棱角磨损、压碎石料和破坏级配等现象发生。

道路石油沥青混合料的施工温度（单位:℃）　　　　　　　　　　表5.4

施 工 温 度	道路石油沥青的标号			
	50号	70号	90号	110号
运输到现场温度,不低于	150	145	140	135
混合料摊铺温度,不低于	140	135	130	125
开始碾压的混合料温度,不低于	135	130	125	120
碾压终了路表温度,不低于	80	70	65	60
开放交通路表温度,不高于	50	50	50	45

自融冰SBS改性沥青混合料的施工温度（单位:℃）　　　　　　　表5.5

施 工 温 度	自融冰SBS改性沥青
运输到现场温度,不低于	160
混合料摊铺温度,不低于	155
开始碾压的混合料温度,不低于	150
碾压终了路表温度,不低于	90
开放交通路表温度,不高于	50

（10）SMA 路面的压实。

SMA 混合料可直接进入复压工序，如发现碾压有推拥现象，应检查级配是否合理。除沥青用量较低，经试验证明采用轮胎压路机碾压有良好效果外，不宜采用轮胎压路机碾压，以防将沥青胶浆搓揉挤压上浮。

SMA 路面宜采用高频低幅振动压路机或钢轮静作用压路机碾压，也可采用振荡压路机碾压。遵循"紧跟、慢压、高频、低幅"原则，紧跟在摊铺机后面，采取高频率、低振幅的方式慢速碾压。避免欠压空隙率过大和过压玛琋脂上浮现象发生。

5.6 接缝

（1）混合料施工接缝应满足"密实、紧密、平顺、均匀"的要求。施工时接缝必须碾压密实，避免空隙过大透水产生坑槽。新铺层与已压实层的连接要紧密、平顺，避免开裂和跳车现象发生。接缝处混合料应均匀，不得产生明显的粗细料集中等离析现象。

（2）纵向接缝必须采用热接方式，避免采用冷接缝，上下层的纵缝应错开 150mm 以上。当不得不采用冷接缝时上下层的纵缝应错开 300mm 以上，并加设挡板或刨除未压实部分。相邻两幅及上下层的横向接缝均应错位 1m 以上，且刨除未压实或平整度不符合要求的部分。

（3）纵向接缝施工。表面层的纵向接缝应顺直，宜位于标线位置。中、下面层纵向接缝也宜位于标线位置，相邻两层应错开一个车道。纵向接缝应尽量在车道标线上，不得在车道轮迹处。当不得不进行冷接缝施工时，宜采用自带切边器的压路机在温度较高时切除未压实混合料，或加设挡板保证边缘压实度，或混合料尚未冷却前刨除边缘未压实的混合料。加铺另半幅前必须将缝边缘清扫干净，在接缝处涂洒适量黏层沥青。碾压时先碾压新铺层的宽度 50~100mm，再由外向中间碾压，并在接缝处留出宽度 150~200mm，最后跨接缝压实、挤紧。

（4）横向接缝施工。高速公路和一级公路的各层横向接缝均应采用垂直的平接缝（图 5.1），不采用自然碾压的斜接缝和阶梯形接缝，以保证接缝平顺、连接紧密。

图 5.1 横向垂直平接缝

平接缝宜在混合料尚未完全冷却时用凿岩机或人工垂直刨除端部层厚不足的部分，使工作缝成直角连接。当采用切割机制作平接缝时，刨除或切割不得损伤下层路面。切割时留下的泥水必须冲洗干净，待干燥后涂刷黏层油。

上下层的横向接缝均应错位 1m 以上。横向接缝摊铺前应充分利用熨平板的热过程和热混合料将接茬软化，以加强新旧混合料的黏结，但是熨平板分料室的混合料不能过多，以免影响正常起步。

横向接缝碾压时,压路机先进行横向碾压、再纵向碾压成为一体。横向碾压时压路机应位于已压实的混合料层上,钢轮伸入新铺层的宽度约为150mm,每碾压一遍向新铺混合料移动150~200mm;或先进行与横向接缝成一定角度的斜向碾压,然后改为纵向碾压。

当同时有横向接缝和纵向接缝时,可先沿纵向接缝碾压,碾压宽度为150~200mm,然后再沿横向接缝作横向碾压,最后进行纵向碾压。

5.7 开放交通

(1) 自融冰沥青路面面层施工完成后,应等路面温度下降到40℃以下方可开放交通。

(2) 对已完成的沥青路面,施工单位应经常进行巡查,雨后要求对各单位上路的施工车辆,必须进行轮胎干净度的检查,发现问题应进行清洗后才允许上路。

(3) 业主要督促绿化、机电、交通安全设施等单位合理安排工序,尽可能避免与路面,特别是面层交叉作业,并采取有效措施,避免在施工过程中对沥青路面产生柴油污染等。路面层间污染是沥青路面施工的大忌,各施工单位对此必须引起高度重视,加强协调,严格管理,杜绝污染。

(4) 已施工沥青面层上禁止一切超载车辆通行,以保护面层不出现早期破损。同时,应采取一切必要的措施,禁止非施工管理人员进入已施工的路面,以避免不必要的安全事故及因此产生的任何纠纷。

6 长效环保自融冰沥青混合料施工质量检验及管理

6.1 原材料的检验

各种原材料应按 3.2 节的规定经检验合格后方可使用。

6.2 试验路段的铺筑

6.2.1 一般要求

（1）自融冰沥青路面施工开始后，应先做试验路段，试验路段宜选在主线直线段，长度通常宜为 100~200m。

（2）试验路段铺筑的目的是为验证从配合比设计至路面碾压成型的整个施工方案、工艺和技术措施是否能达到预定的要求，并进一步修改使之完善。

（3）在试验路段施工前应按本指南 5.1 节的各项要求做好施工前的各项准备工作。

（4）试验路段的施工应包括试拌和试铺两个阶段，在试拌工作未达到预定要求前，不得进行试铺阶段。

（5）试验路段的铺筑应由参建单位各方共同参与，及时商定有关事项，明确试验结论。铺筑结束后，施工单位应就各项试验内容提出完整的总结报告，业主应组织有关单位综合评定后作出是否正式开工的批复。

6.2.2 试拌阶段的工作内容与要求

试拌阶段的工作任务与内容应包含以下各项：

（1）确定搅拌设备的工作参数，包括各冷料仓的供料流量、各筛网的筛孔尺寸、热料仓的供料比例、搅拌过程的拌和时间（干拌和湿拌）、集料、沥青的加热温度与成品料的拌和温度等，并确定搅拌设备合理的生产能力。

（2）通过对搅拌设备生产数据的采集，分析集料、矿粉、沥青的称量控制值的误差和变异性是否在规定要求的范围内。

（3）通过热料取样筛分和成品料的抽提分析与马歇尔试验，验证实际拌和的混合料与实验室拌和的混合料的矿料级配与油石比是否一致，并进一步调整生产配合比。

6.2.3 试铺阶段的工作内容与要求

试铺阶段的工作任务与内容应包含以下几项：

（1）检验各种施工机械的类型、数量、组合方式是否匹配。

（2）检验摊铺机的调整是否恰当，摊铺作业的工作参数（摊铺速度、供料流量、料位高度、振捣机的振幅、频率等）是否合理，自动找平系统的工作是否能满足平整度的要求，摊铺温度是否恰当，并确定铺层的松铺系数。

（3）检验碾压工艺，包括压实机械的选用和组合、碾压的工作参数（振幅、频率、碾压速度和碾压遍数）、碾压模式的设计和碾压温度是否能满足预定的碾压质量，对不同的碾压方案进行比较，并确定正式施工用的碾压工艺。

（4）验证生产配合比的设计并确定最终供生产用的标准生产配合比。

（5）验证所拟订的施工方案、施工组织、质量管理体系是否可行，并确定正式施工时的施工方案、施工组织和质量管理体系。

6.3 施工过程中的质量控制

（1）自融冰沥青面层施工必须在取得开工令后方可开工。

（2）施工单位在施工过程中应随时对施工质量进行自检。监理应按规定要求自主地进行试验，并对承包商的试验结果进行认定，如实评定质量，计算合格率。当发现有质量低劣等异常情况时，应立即追加检查。施工过程中无论是否已经返工补救，所有数据均必须如实记录，不得丢弃。

（3）沥青混合料生产过程中，必须按表 6.1 规定的检查项目与频度，对各种原材料进行抽样试验，其质量应符合本指南规定的技术要求。每个检查项目的平行试验次数或一次试验的试样数必须按相关试验规程的规定执行，并以平均值评价是否合格。未列入表中的材料的检查项目和频度按材料质量要求确定。

施工过程中材料质量的检查项目与频度　　　表 6.1

材　料	检查项目	检查频度	试验的试样数
粗集料	针片状颗粒含量	随时	2~3
	颗粒组成（筛分）	随时	2
	压碎值	必要时	2
	磨光值	必要时	4
	洛杉矶磨耗值	必要时	2
	含水率	必要时	2
细集料	颗粒组成（筛分）	随时	2
	砂当量	必要时	2
	含水率	必要时	2
	松方单位重	必要时	2

续上表

材　　料	检 查 项 目	检 查 频 度	试验的试样数
矿粉	外观	随时	—
	<0.075mm 含量	必要时	2
	含水率	必要时	2
SBS 改性沥青	针入度	每天1次	3
	软化点	每天1次	2
	离析试验（对成品改性沥青）	每周1次	2
	低温延度（老化前后）	必要时	3
	弹性恢复	必要时	3
	显微镜观察（对现场改性沥青）	随时	—

注：1. 表列内容是在材料进场时已按"批"进行全面检查的基础上，日常施工过程中质量检查的项目与要求。
　　2. "随时"是指需要经常检查的项目，其检查频度可根据材料来源及质量波动情况由业主及监理确定；"必要时"是指施工各方任何一个部门对其质量发生怀疑，提出需要检查时，或是根据需要商定的检查频度。

（4）沥青拌和厂必须按下列步骤对沥青混合料生产过程进行质量控制，并按表6.2规定的项目和频度检查自融冰沥青混合料产品的质量，如实计算产品的合格率。单点检验评价方法应符合相关试验规程的试样平行试验的要求。

①从料堆和皮带运输机随时目测各种材料的质量和均匀性，检查泥块及超粒径碎石，检查冷料仓有无串仓。目测自融冰沥青混合料拌和是否均匀，有无花白料，油石比是否合理，检查集料和混合料的离析情况。

②检查控制室拌和机各项参数的设定值、控制屏的显示值，核对计算机采集和打印记录的数据与显示值是否一致。按《公路沥青路面施工技术规范》（JTG F40—2004）附录 G 的方法进行沥青混合料生产过程的在线监测和总量检验。

③检测沥青混合料的材料加热温度、混合料出厂温度，取样抽提、筛分检测混合料的矿料级配、油石比。抽提筛分应至少检查 0.075mm、2.36mm、4.75mm、公称最大粒径及中间粒径5个筛孔的通过率。

④取样成型试件进行马歇尔试验，测定空隙率、稳定度、流值，计算合格率。对 VMA、VFA 指标可只作记录。同时按《公路沥青路面施工技术规范》（JTG F40—2004）确定压实度的标准密度。

自融冰沥青混合料的检查频度和质量要求　　表6.2

检 查 项 目	检查频度及单点检验评价方法	质量要求或允许偏差	试验方法
混合料外观	随时	观察集料粗细、均匀性、离析、油石比、色泽、冒烟、有无花白料、油团等	目测

续上表

检查项目		检查频度及单点检验评价方法	质量要求或允许偏差	试验方法
拌和温度	沥青、集料的加热温度	逐盘检测评定	符合规定	传感器自动检测、显示并打印
	混合料出厂温度	逐车检测评定	符合规定	传感器自动检测、显示并打印，出厂时逐车按T0981人工检测
		逐盘测量记录，每天取平均值评定	符合规定	传感器自动检测、显示并打印
矿料级配（筛孔）	0.075mm	逐盘在线检测	±2%（2%）	计算机采集数据计算
	≤2.36mm		±5%（4%）	
	≥4.75mm		±6%（5%）	
	0.075mm	逐盘检查，每天汇总1次取平均值评定	±1%	总量检验
	≤2.36mm		±2%	
	≥4.75mm		±2%	
	0.075mm	每台拌和机每天1次，以试样的平均值评定	±2%（2%）	抽提筛分与标准级配比较的差
	≤2.36mm		±5%（3%）	
	≥4.75mm		±6%（4%）	
沥青用量（石油比）		逐盘抽检	±0.3%	计算机采集数据计算
		逐盘检查，每天汇总1次取平均值评定	±0.1%	总量检验
		每台拌和机每天1~2次，以2个试样的平均值评定	±0.3%	JTG E20—2011 T0722、T0721
马歇尔试验：空隙率、稳定度、流值		每台拌和机每天1~2次，以4~6个试样平均值评定	符合规定	JTG E20—2011 T0702、T0709
浸水马歇尔试验		必要时（试件数同马歇尔试验）	符合规定	JTG E20—2011 T0702、T0709
车辙试验		必要时（以3个试件的平均值评定）	符合规定	JTG E20—2011 T0719

（5）自融冰沥青路面铺筑过程中必须及时对铺筑质量进行评定，质量检查的内容、频度、允许偏差应符合表6.3的规定。

自融冰沥青路面施工过程中工程质量的控制标准　　表6.3

检查项目	检查频度及单点检验评价方法	质量要求或允许偏差	试验方法
外观	随时	表面平整度密实，不得有明显轮迹、裂缝、推挤、油汀、油包等缺陷，且无明显离析	目测

续上表

检查项目		检查频度及单点检验评价方法	质量要求或允许偏差	试验方法
接缝		随时	紧密平整、顺直、无跳车	目测
		逐条缝检测评定	3mm	JTG 3450—2019 T0931
施工温度	摊铺温度	逐车检测评定	符合规定	JTG 3450—2019 T0981
	碾压温度	随时	符合规定	插入式温度计实测
厚度	每一层次	随时,厚度50mm以下	设计值的5%	插入法量测松铺及压实厚度
		厚度50mm以上	设计值的8%	
		1个台班区段的平均值		
		厚度50mm以下	−3mm	总量检验
		厚度50mm以上	−5mm	
	总厚度	每2000m²一点,单点评定	设计值的−5%	
	上面层	每2000m²一点,单点评定	设计值的−10%	
压实度		每检查组逐个试件评定并计算平均值	实验室标准密度的97%(98%)	JTG 3450—2019附录
			最大理论密度的93%(94%)	
			试验段密度的99%(99%)	
平整度(最大间隙)	上面层	随时,接缝处单杆评定	3mm	JTG E60—2008 T0931
	中下面层	随时,接缝处单杆评定	5mm	
平整度(标准差)	上层面	连续测定	0.8mm	
	中层面	连续测定	1.2mm	
	下层面	连续测定	1.5mm	
	基层	连续测定	2.4mm	
宽度	有侧石	检测每个断面	±20mm	
	无侧石	检测每个断面	不小于设计宽度	
纵断面高程		检测每个断面	±10mm	JTG 3450—2019 T0911
横坡度		检测每个断面	±0.3%	
渗水系数,不大于		每1km不少于5点,每点3处取平均值	SMA上面层≤50mL/min AC-13/SUP12.5上面层≤80mL/min 其他中、下面层≤120mL/min	JTG 3450—2019 T0971

注:1. 括号中的数值是对SMA级配的自融冰沥青路面要求。
2. 接缝检测采用3m直尺,对正常生产路段,采用连续式平整度仪测定。
3. 本表中规定为施工过程控制检验要求。

(6)施工厚度的检测按以下方法执行,并相互校核,当差值较大时通常以总量检验为准。

①利用摊铺过程在线控制，即不断地用插尺或其他工具插入摊铺层测量松铺厚度。

②利用拌和厂沥青混合料总生产量与实际铺筑的面积计算平均厚度进行总量检验。

③当具有地质雷达等无破损检验设备时，可利用其连续检测路面厚度，但其测试精度需经标定认可。

④待路面完全冷却后，在钻孔检测压实度的同时测量沥青层的厚度。

（7）自融冰沥青路面的压实度应重点对碾压工艺进行过程控制，适度取芯抽检压实度，具体如下：

①碾压工艺的控制包括压路机的配置（台数、吨位及机型）、排列和碾压方式、压路机与摊铺机的距离、碾压温度、碾压速度、压路机洒水（雾化）情况、碾压段长度、调头方式等。

②碾压过程中宜采用无核密度仪等无破损检测设备进行压实密度过程控制，测点随机选择，一组不少于13点，取平均值，与标定值或试验段测定值比较评定。

③在路面完全冷却后，随机选点钻孔取样进行压实度检测，压实度计算及标准密度的确定方法应遵照《公路沥青路面施工技术规范》（JTG 3450—2019）附录 E 的规定。为减少钻孔数量，有关施工、监理、监督各方宜合作进行钻孔检测，以避免重复钻孔对沥青路面的损坏。

（8）压实成型的路面应按《公路路基路面现场测试规程》（JTG 3450—2019）规定的方法随机选点检测渗水情况，渗水系数的平均值宜符合表 6.3 的要求。对排水式沥青混合料，应要求水能够迅速排走。如需要测定构造深度时，宜在测定渗水的同时在附近选点测定，记录实测结果。

（9）施工过程中应随时对路面进行外观（色泽、油膜厚度、表面空隙）评定，尤其特别注意防止粗细集料的离析和混合料温度不均，造成路面局部渗水严重或压实不足，酿成隐患。如果确实该路段严重离析、渗水，且经 2 次补充钻孔仍不能达到压实度要求，确属施工质量差的，应予铣刨或局部挖补，返工重铺。

（10）施工过程中必须随时用 3m 直尺检测接缝及与构造物的连接处平整度的检测，正常路段的平整度采用连续式平整度仪或颠簸累积仪测定。

（11）自融冰沥青路面的施工应按《公路沥青路面施工技术规范》（JTG F40—2004）附录 F 的方法，利用计算机实行动态质量管理，并计算平均值、极差、标准差及变异系数以及各项指标的合格率。

（12）施工的关键工序或重要部位宜拍摄照片或进行录像，作为实态记录及保存资料的一部分。

6.4 动态质量管理

施工单位应对重要的试验检测项目绘制波动图和直方图，进行质量动态控制。当某一指标超出允许范围时，即施工不合格应分析原因，并对施工路段进行处理。动态管理项目如下：

（1）沥青用量。

（2）体积指标：空隙率、沥青饱和度、矿料间隙率。
（3）级配指标：0.075mm、2.36mm、4.75mm 和最大公称粒径的通过率。
（4）压实度与现场空隙率。
（5）厚度。

7 长效环保自融冰涂料原材料

长效环保自融冰涂料按载体的不同可分为改性乳化沥青自融冰涂料和有机硅自融冰涂料。制备两种自融冰涂料的主要原料包括：改性乳化沥青、有机硅溶液和长效环保融冰材料。

7.1 改性乳化沥青

改性乳化沥青技术要求见表7.1。

改性乳化沥青技术要求　　　　　　表7.1

序号	试验项目		单 位	技术要求
1	蒸发残留物	含量	%	≥50
		软化点	℃	≥53
		延度（5℃）	cm	≥20
2	储存稳定性	1d	%	≤1
		5d	%	≤5
3	层间黏结强度		MPa	≥0.34

注：乳化沥青层间黏结强度试验方法见本指南附录A。

7.2 有机硅溶液

有机硅溶液技术要求见表7.2。

有机硅溶液技术要求　　　　　　表7.2

序号	项 目	单 位	技术要求
1	外观	—	无色透明状液体
2	运动黏度（25℃）	mPa·s	≤5
3	固含量	%	25～30

7.3 长效环保融冰材料

长效环保融冰材料见3.2.6。

8 长效环保自融冰涂料设计与制备

8.1 技术要求

8.1.1 改性乳化沥青自融冰涂料技术要求
改性乳化沥青自融冰涂料应符合表8.1的技术要求。

改性乳化沥青自融冰涂料技术指标　　　　表8.1

项　目		单　位	JT/T 1239—2019 技术要求
涂层表面结冰点		℃	≤-5.0
涂层表面冰层黏附力		N	≤30
耐水性	浸泡48h后表面结冰点	℃	≤-3.0
	浸泡48h后表面黏附力	N	≤50
路面摩擦系数衰减率		%	≤20
路面构造深度衰减率		%	≤15

8.1.2 有机硅自融冰涂料技术要求
有机硅自融冰涂料应符合表8.2的技术要求。

有机硅自融冰涂料技术指标　　　　表8.2

项　目		单　位	JT/T 1239—2019 技术要求
涂层表面结冰点		℃	≤-5.0
涂层表面冰层黏附力		N	≤45
耐水性	浸泡48h后表面结冰点	℃	≤-3.0
	浸泡48h后表面黏附力	N	≤60
路面摩擦系数衰减率		%	≤10
路面构造深度衰减率		%	≤12

注：涂层表面结冰点和涂层表面冰层黏附力试验方法分别见本指南附录B和附录C。

8.2 设计
初定确定融冰剂掺量，以选定的融冰剂掺量为中心，配制3个不同融冰剂掺量的涂料，测试掺入融冰剂后涂料的涂层表面结冰点、涂层表面冰层黏附力、耐水性、路面摩擦系数衰减率和路面构造深度衰减率等性能。根据检验结果，综合涂料的技术要求和经济性分析，进一步调整确定融冰剂掺量。

8.3 制备

8.3.1 改性乳化沥青自融冰涂料制备

按设计的融冰剂掺量，将融冰剂加入到改性乳化沥青中，搅拌均匀后制成自融冰乳化沥青涂料，根据表8.1中的试验方法对涂料进行涂层表面结冰点、涂层表面冰层黏附力、耐水性、路面摩擦系数衰减率和路面构造深度衰减率检测，检测合格，同时观察放置48h后的涂料状态，如无结块和破乳现象，即为合格。

8.3.2 有机硅自融冰涂料制备

按设计的融冰剂掺量，将融冰剂加入到有机硅溶液中，搅拌均匀后制成自融冰有机硅涂料，根据表8.2中的试验方法对涂料进行涂层表面结冰点、涂层表面冰层黏附力、耐水性、路面摩擦系数衰减率和路面构造深度衰减率检测，检测符合要求即为合格。

9 长效环保自融冰涂料施工及质量验收

自融冰涂料一般采用喷涂法施工,利用乳化沥青喷洒车或其他喷洒装置进行施工。

9.1 施工前准备

(1)施工前进行详细路况调查和相关的检测试验(摩擦系数、构造深度、渗水系数),并将所有病害处理到位。

(2)根据试验路段表面摩擦系数的测试结果,进行预涂,确定涂料的适宜喷涂量,一般涂膜量在 300~500g/m²。

(3)根据确定的涂膜量和试验路段的面积,准备相应数量的融冰剂与改性乳化沥青或有机硅溶液。

9.2 施工设备

自融冰涂料的施工可采用专用设备喷洒方式和滚刷刷涂的施工方式。滚刷刷涂的方法适用于小面积施工,专用设备喷洒方法适用于大面积铺装,主要设备见表9.1。

自融冰涂料施工设备　　　　　表9.1

序　号	设 备 名 称	工 作 用 途
1	螺旋搅拌机	用于均匀地搅拌涂料
2	鼓风机	吹扫路面灰尘及松散骨料
3	涂料涂布设备	喷涂或者滚涂融冰涂料
4	集料撒布设备	均匀撒布防滑粒料
5	扫帚、胶带等	清扫路面及粘封标线等

9.3 施工工艺

(1)施工前应对施工路段进行交通管制,严禁行人和车辆进入。

(2)将原路面上的所有杂物清除干净,必要时使用吹风机、手推式打磨机、钢丝刷、毛刷等工具。

(3)将沥青路面的浮尘吹干净,使原路面表面清洁。

(4)贴保护膜:用专用胶布将施工路面的标线粘封起来,以避免路面标线覆盖或受到污染。

（5）将融雪化冰剂与改性乳化沥青按一定比例进行混合，通过手提式机械搅拌机将融冰剂与改性乳化沥青混合均匀，注意检查底部是否有沉淀。

（6）涂料喷涂。施工面积较大时，可采用自带搅拌的乳化沥青喷洒车进行喷涂施工，根据喷涂量调节喷涂速度；施工面积较小时，可以采用其他小型喷涂设备进行施工，控制好喷涂量；喷涂设备使用后应及时清洗干净。

（7）养护。养护至涂膜完全固化，不粘手，养护时间需视施工和养护期间的温度和湿度而确定。

（8）清理路面、开放交通。

9.4 注意事项

（1）操作人员的防护

配备相应的防护用具（安全眼镜、防护口罩、工作服、手套、厚底工作鞋）以保证涂层材料不与人体发生直接接触，若不慎沾及皮肤，可用肥皂、清水或润肤油洗擦掉，若不慎溅到眼睛，立即用清水清洗最少15min，若感到疼痛必须就医诊治。

（2）施工环境

①气温应高于10℃，浓雾或下雨天不得施工。

②雨后路面积水未干或未清除之前，不可施工，施工时一定要保证空气流通，并保证材料均匀喷洒。

③施工前，预先取得当地的气象资料，了解施工前后的气温情况，确保施工时天气晴朗且空气湿度不能过大，要保证在完成施工24h之内不会降雨，否则会影响使用性能。

④养护成型期内气温应大于10℃。

⑤开放交通时间。开放交通时，应确保涂层已经固化。使用指压法来判断涂层是否固化，具体方法是带上线手套，用拇指用力按压路面涂层，并旋转90°，若路面涂层不被磨掉则可以开放交通；反之，不能开放交通。

9.5 质量验收

对完工路面进行相应的检测以评价自融冰涂料施工后路面的使用性能，一般施工时要目测外观质量，异常时及时处理，完工后主要进行渗水、构造深度、摩擦系数等指标的检测。检测结果应符合表9.2的要求。

（1）外观检查。采用目测定性评价，要求完成涂层施工后的路面色泽均匀。

（2）渗水检测。这是涂层最主要的检测指标，要求涂层后沥青路面处于基本不透水的状态。

（3）构造深度检测。涂层后路面构造深度有所下降，主要是因为自融冰涂料填补了路面表面的孔隙，使用一段时间后该指标将有所升高。

（4）摩擦系数检测。涂层后路面摩擦系数也会有所下降，控制在规范许可的范围内即可。

路面检测指标及频率　　　　　表9.2

检 测 项 目	质 量 要 求	检 测 频 率	检 测 方 法
外观质量	均匀一致	随时	目测
渗水系数（mL/min）	≤50	5点/km	渗水系数仪
构造深度（mm）	≥0.55	5点/km	铺砂法
摩擦系数（BPN）	≥45	5点/km	摆式仪

9.6 后期观测

（1）雪后及时观测路面融雪化冰状况。

（2）冬季定期检查路面表面状态。

（3）夏季定期检测路面是否出现泛油、发黏等现象。

附　录　A
乳化沥青层间黏结强度试验方法

A.1　试验仪器

A.1.1　层间黏结强度试验夹具结构包括固定钢板座、带半球阀的转换连接器、连杆、不同尺寸的连接头。层间黏结强度试验示意图详见图 A.1。

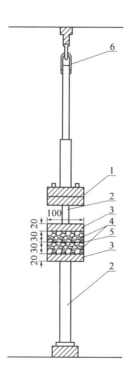

图 A.1　层间黏结强度试验示意图（尺寸单位：mm）
1-带半球阀的转换连接器；2-连杆；3-固定钢板座；4-被测试芯样；5-乳化沥青黏结层；6-连接头

A.1.2　拉伸试验机测量范围 0~5000N，精度 0.1N。

A.2　试验准备

A.2.1　根据改性乳化沥青实际用量，换算出室内标准马歇尔试件表面所需的改性乳化沥青用量。

A.2.2 按照 JTG E20—2011 规程中 T0702 沥青混合料试件制作方法（击实法）制作直径 ϕ101.6mm 的标准马歇尔试件，试件级配为 AC-13，推荐标准级配范围详见本指南附录 B。分上下两层进行击实试验，应先对下层进行 75 次单面击实，再均匀喷洒改性乳化沥青，最后进行 75 次上层单面击实。

A.2.3 击实成型后，横向放置冷却至室温，养护时间不宜少于 12h，再脱模取出试件。

A.2.4 将室内制备好的马歇尔试件上层和下层用切割机切除，保留乳化沥青层间黏结部分，上下层厚度各保留 30mm。

A.2.5 用环氧树脂胶将两个固定钢板座黏结到切好试件的上下切面，室温放置 24h 后备用。

A.3 试验条件及过程

A.3.1 将黏结好的试件放于试验温度在 25℃±2℃ 的环境箱保温 6h 以上。

A.3.2 将黏结好的试件连接于连杆上，进行轴向拉伸试验，设置试验机的拉伸速率为 50mm/min。

A.4 试验结果

A.4.1 将测得的荷载数据除以试件表面面积即得到乳化沥青黏结层的黏结强度，一组试件的算数平均黏结强度作为该改性乳化沥青的黏结强度。

A.4.2 当一组测定值中某个测定值与平均值之差大于标准差的 k 倍时，该测定值应予以舍弃，并以其余测定值的平均值作为试验结果。当试件数目 n 为 3、4、5、6 个时，k 值分别为 1.15、1.46、1.67、1.82。

附 录 B
表面结冰点测试方法

B.1 试验仪器

B.1.1 低温试验箱：最低温度可达 -25℃，控温精度 0.5℃。

B.1.2 热电偶数显温度计：测量温度范围为 -20~10℃，精度 0.1℃。

B.2 试验步骤

B.2.1 将数显温度计的热电偶探头放置在自融冰沥青混合料马歇尔试件或涂有自融冰涂层材料马歇尔试件表面中心点，用胶带将热电偶固定（图 B.1）。

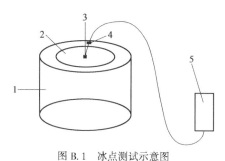

图 B.1 冰点测试示意图
1-沥青混凝土试件；2-水膜；3-热电偶探头；4-胶带；5-数显温度计

B.2.2 放入已降温至 -3℃ 的低温试验箱中，恒温 30min，采用蒸馏水，缓慢滴加在试件表面中心部位，并具有一定厚度，并使水膜淹没热电偶探头。

B.2.3 以 1℃ 的幅度逐步降温，每个温度保温 30min 并观察是否结冰，直至水膜表面开始结冰，水膜以冰水平衡态共存，结冰面积约占总面积的 50%，以此为表面结冰点温度。

B.2.4 测定结果精确至 0.5℃；应做平行试验，结果取 2 次结果的算术平均值，两次结果的差值不大于 0.2℃。

B.2.5 浸泡 48h 后试件表面结冰点试验同上述方法测定。

附 录 C
表面冰层黏附力测试方法

C.1 试验仪器

C.1.1 低温试验箱:最低温度可达 -25℃,控温精度为0.5℃。

C.1.2 数显测力计:测量范围 0~200N,精度为0.1N,具有最大力锁定功能。

C.1.3 夹具:两块尺寸为150mm×70mm,厚度为1mm的不锈钢片,在两块不锈钢片的相同位置分别钻四个大小相同的孔,尺寸如图C.1所示。

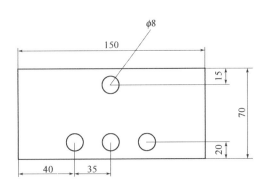

图C.1 夹具尺寸示意图(尺寸单位:mm)

C.1.4 螺栓:规格为M6×10mm普通螺栓、螺母和垫片。

C.2 试验步骤

C.2.1 将两块自融冰沥青混合料马歇尔试件或涂有自融冰涂层材料的马歇尔试件置于已降温至-15℃低温试验箱中,先在马歇尔试件表面滴加10g水,将180g/m²的聚酯毡裁剪成200mm×105mm,一端粘贴于马歇尔试件表面,并在聚酯毡表面均匀滴加20g水,使聚酯毡充分浸湿并与马歇尔试件紧密粘贴,另一端2~3cm处夹具留孔位置在聚酯毡打三个孔,用螺栓和螺母与夹具紧密相连,夹具放置在另一个马歇尔试件表面,如图C.2a)所示。

C.2.2 重新放入-15℃低温试验箱中保温4h,将数显测力计的挂钩与夹具相连,如图C.2b)所示,沿垂直方向施加拉力,直至聚酯毡从马歇尔试件表面脱落,读取数显测力计的最大拉力,减去夹具的重量即为表面冰层黏附力。

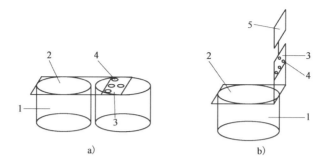

图 C.2 冰层黏附力测试装置图
1-沥青混凝土附件；2-聚酯毡；3-夹具；4-螺栓及螺母组合件；5-数显测力计

C.2.3 测定结果取两个试件平行测定结果的算术平均值，并取整数。

C.2.4 浸泡48h后，试件涂层表面冰层黏附力试验同上述方法测定。

参 考 文 献

[1] 中华人民共和国交通运输部. 公路沥青路面设计规范：JTG D50—2017[S]. 北京：人民交通出版社股份有限公司，2017.

[2] 中华人民共和国交通部. 公路沥青路面施工技术规范：JTG F40—2004[S]. 北京：人民交通出版社，2004.

[3] 中华人民共和国交通运输部. 公路工程质量检验评定标准　第一册　土建工程：JTG F80/1—2017[S]. 北京：人民交通出版社股份有限公司，2017.

[4] 中华人民共和国交通运输部. 公路工程沥青及沥青混合料试验规程：JTJ E20—2011[S]. 北京：人民交通出版社，2011.

[5] 中华人民共和国交通运输部. 公路工程集料试验规程：JTG E42—2005[S]. 北京：人民交通出版社，2005.

[6] 中华人民共和国交通运输部. 公路路基路面现场测试规程：JTG 3450—2019[S]. 北京：人民交通出版社，2019.

[7] 中国石油和化学工业联合会. 水处理剂缓蚀性能的测定　旋转挂片法：GB/T 18175—2014[S]. 北京：中国标准出版社，2014.

[8] 全国危险化学品管理标准化技术委员会. 液体黏度的测定：GB/T 22235—2008[S]. 北京：中国标准出版社，2008.

[9] 中国石油和化学工业协会. 融雪剂：GB/T 23851—2017[S]. 北京：中国标准出版社，2017.

[10] 河北省交通运输厅. 公路融雪剂：DB 13/T 1411—2017[S]. 2017.

[11] 中华人民共和国交通运输部. 沥青路面抗凝冰涂层材料技术条件：JT/T 1239—2019[S]. 北京：人民交通出版社股份有限公司，2019.

[12] 四川省公路规划勘察设计研究院有限公司，武汉理工大学，交通运输部公路科学研究院，等. 四川藏区高海拔高烈度条件下公路建设减灾关键技术研究报告[R]. 成都，2018.

[13] 范杰，马颖. 除雪剂在除雪中的应用及对环境危害的防治[J]. 重庆交通学院学报，2007，26（3）：78-81.

[14] Fay L, Shi X. Environmental impacts of chemicals for snow and ice control: state of the knowledge[J]. Water Air and Soil Pollution, 2012, 223 (5): 2751-2770.

[15] 洪乃丰. 氯盐融雪剂是把"双刃剑"——浅议国外使用化冰盐的教训与经验[J]. 城市与减灾，2005（4）：19-21.

[16] 张炳臣，刘淑敏. 冬季道路除雪方式的探讨[J]. 山东交通科技，2004，(1)：76-77.

[17] Peng Chao, Yu Jianying, Zhao Zhijie, et al. Preparation and properties of a layered double hydroxide deicing additive for asphalt mixture[J]. Cold Regions Science and Technology, 2015, 110: 70-76.

［18］张洪伟，陈伦坤，张宝龙，等．抗冻结沥青混凝土路面国内外研究现状与进展［J］．公路，2011，1：135-139．

［19］Chen Xiao, Yu Jianying, Yi Yi, et al. Preparation and properties of silicone based self-deicing coating［J］. Materials Science Forum, 2017, 898：1545-1552.

［20］Peng Chao, Jiang Guosheng, Lu Chunhua, et al. Effect of 4, 4-Stilbenedicarboxylic acid-intealated layered double hydroxides on UV aging resistance of bitumen［J］. RSC Advances, 2015, 5, 95504-95511.

［21］Arakiy, Takeda I, Suzuki S. Follow-up survey on powder/chloride freeze control pavement: survey cases of Europe and Japan［J］. Pavement, 1997, 32（9）：8-14.

［22］Turgeon C M. Evaluation of verglimit (a de-icing additive in plant mixed bituminous surface)［R］. Final Report, 1989.

［23］Sheftick D E. Verglimit de-icing chemical asphalt additive. SR 309-02M Lehigh County［R］. Construction Report, 1991.

［24］Wang Wei, Yu Jianying, Yi Yi, et al. Effect of de-icing additives on aging properties of bitumen［J］. Materials Science Forum, 2016, 847：418-424.

［25］谭忆秋，孙嵘蓉，郭猛，等．蓄盐沥青混合料除冰雪性能研究［J］．中国公路学报，2013，26（1）：23-29．

［26］康捷．抗凝冰沥青混合料技术研究［D］．重庆：重庆交通大学，2011．

［27］张丽娟．盐化物融雪沥青混合料研究［D］．西安：长安大学，2010．

［28］孙玉齐．盐化物自融雪沥青路面性能研究［D］．西安：长安大学，2011．

［29］Shi X, Fay L, Yang Z, et al. Corrosion of deicers to metals in transportation infrastructure: introduction and recent developments［J］. Corrosion Reviews, 2009, 27 (1-2)：23-52.

［30］Starck P, Löfgren B. Influence of de-icing agents on the viscoelastic properties of asphalt mastics［J］. Journal of Materials Science, 2007, 42（2）：676-685.

［31］Giuliani F, Merusi F, Polacco G, et al. Effectiveness of sodium chloride-based anti-icing filler in asphalt mixtures［J］. Construction and Building Materials, 2012, 30：174-179.

［32］Taylor H F W. Crystal structures of some double hydroxide minerals［J］. Mineralogical Magazine, 1973, 39（304）：377-389.

［33］Peng Chao, Yu Jianying, Zhao Zhijie, et al. Effects of a sodium chloride deicing additive on the rheological properties of asphalt mastic［J］. Road Materials & Pavement Design, 2015：382-395.

［34］Yi Yi, Yu Jianying, Chen Xiao, et al. Preparation and properties of a self-deicing coating Based on layered double hydroxide［J］. Materials Science Forum, 2017, 898：1553-1560.

［35］Chen Xiao, Yu Jianying, Yi Yi, et al. Preparation and properties of silicone based self-deicing coating［J］. Materials Science Forum, 2017, 898：1545-1552.

［36］Liu Z, Xing M, Chen S, et al. Influence of the chloride-based anti-freeze filler on the properties of asphalt mixtures［J］. Construction and Building Materials, 2014, 51（1）：133-140.

[37] 付靖宜,彭超,赵之杰,等.雨水对蓄盐沥青路面自融冰性能影响研究[J].武汉理工大学学报,2015,37(2):50-54.

[38] 张洪伟,韩森,张丽娟,等.盐化物沥青混凝土抑制结冰与融雪试验[J].长安大学学报:自然科学版,2011,31(2):17-20.

[39] 李福普,王志军.长效型主动融雪沥青混合料路用性能试验[J].公路交通科技,2012,29(3):7-11.

[40] 孙健,钱振东,罗桑.融冰化雪型沥青混合料路用性能的试验评价[J].公路,2013,58(12):204-206.